ESSAI

sur la

NATURALISATION COLLECTIVE

DES ISRAÉLITES INDIGÈNES

ESSAI

SUR LA

NATURALISATION COLLECTIVE

DES ISRAÉLITES INDIGÈNES

Par Jules DELSIEUX

PRIX : 1 FRANC

ALGER

IMPRIMERIE DUCLAUX, RUE DU COMMERCE, 7

1860

J'ai longtemps hésité à publier ce travail, car j'en sentais mieux que nul autre la faiblesse. Mais j'ai songé qu'il importait peu, quand la cause était bonne, que l'avocat fût mauvais, et qu'il suffisait de poser certaines questions pour les résoudre.

La naturalisation des Israélites est de ce nombre. La France qui les a affranchis chez elle, doit, pour être juste, les affranchir en Algérie. Où l'ancienne Société voyait des sectateurs de tel ou tel culte, la Société moderne, plus équitable et plus éclairée, voit des hommes égaux en droits comme en devoirs. Les Israélites veulent bien remplir les devoirs dans toute leur rigueur. Quoi d'étonnant s'ils veulent jouir des droits dans toute leur plénitude? Certes, ce n'est pas à la France de se plaindre qu'on mette tant d'empressement à réclamer le titre de Français et tant d'orgueil à l'obtenir !

Une brochure, forte d'érudition et de logique, a déjà paru sur le même sujet. S'attachant de préférence au point de droit, elle le met en lumière avec cette précision ferme et cette netteté vigoureuse qui dénotent un jurisconsulte. Mon travail insiste au contraire sur le côté moral et philosophique de la question; dans celle-là c'est le droit positif qui se déduit ; dans celle-ci, c'est le droit absolu qui s'affirme ; là c'est au nom des textes, ici c'est au nom du progrès rationnel que la naturalisation est demandée. Les points de vue sont différents, mais les conclusions sont à peu près les mêmes ; car c'est l'avantage de cette question que la jurisprudence expérimentale et la justice absolue s'y rencontrent pour donner la même réponse, comme des rayons qui, partis de points divers, viennent converger en un centre commun !

Je dois aussi déclarer qu'en écrivant ce travail, je n'ai obéi à aucun mobile de race ni de religion. Si, par mes convictions, je suis à peu près indifférent à tout culte établi, j'appartiens, par ma naissance, à la foi catholique. Mais la cause des Israélites m'a semblé juste, et ce m'a été un motif suffisant pour la défendre : heureux si j'ai pu, dans mon humble sphère, contribuer, pour une part si minime que ce soit, à cette œuvre d'émancipation universelle que notre siècle semble avoir entreprise, et qu'il mènera, je l'espère, à bonne fin !

Le 29 avril dernier, une commission composée de dix Israélites indigènes s'est réunie sur la convocation de M. Valensin, Israélite lui-même et fonctionnaire zélé d'une de nos administrations municipales. Dans un discours plein de chaleur et de véhémence, M. Valensin, rappelant à ses coréligionnaires le despotisme qui pesait sur eux avant 1830 et les bienfaits sans nombre dont les avait dotés la conquête, leur a proposé, non-seulement au nom de la reconnaissance qu'ils doivent à la France, mais aussi au nom de leur propre intérêt, de solliciter la naturalisation collective des Israélites indigènes. L'assemblée, accueillant cette proposition avec enthousiasme, a décidé qu'elle demanderait une audience à M. le Préfet, pour réclamer l'appui de sa haute influence et de ses conseils éclairés. Dans son audience du vendredi, 11 mai dernier, notre premier magistrat a reçu la députation avec cette bienveillance affable qui le caractérise ; il l'a félicitée de son louable projet, il lui a conseillé la persévérance, l'union surtout, car c'est principalement en ces sortes de démarches que l'union fait la force et le succès ; il leur a même promis en terminant, qu'il seconderait, dans une juste mesure, leur tentative, qu'il viendrait en aide à leurs efforts , et que, dans son prochain voyage à Paris, il appellerait l'attention du gouvernement sur une mesure qui serait d'une incontestable utilité pour la colonie.

La question, avant d'aboutir à cette démarche officielle des Israélites, s'était déjà débattue au sein des conseils généraux. Celui d'Oran, entr'autres, dans sa session de 1859, avait, sur un rapport lumineux et précis de M. Taravant, procureur impérial à Mostaganem, et après une discussion approfondie à laquelle avaient pris part plusieurs de ses membres, indiqué une solution qui n'est pas tout-à-fait la nôtre, mais qui mérite d'être sérieusement examinée. Après avoir écarté la naturalisation collective le Conseil avait émis le vœu d'une naturalisation individuelle établie sur les bases les plus larges.

Quoiqu'il en soit et malgré les dissentiments élevés sur la forme, cette mesure, proposée par les Conseils généraux, sollicitée par les Israélites, ayant d'ailleurs les sympathies de l'administration, ne saurait manquer d'être en haut lieu l'objet d'études sérieuses et d'aboutir, dans un avenir plus ou moins prochain, à une solution définitive. Nous allons, pendant qu'il en est temps encore et pour préparer autant que possible le terrain, considérer la naturalisation sous toutes ses faces, l'examiner d'abord au point de vue de l'histoire et de la philosophie, chercher quels avantages elle aurait pour la France, quels changements elle entraînerait pour les Israélites, discuter la forme sous laquelle elle doit se produire, et, cette forme une fois déterminée, peser enfin les objections de détail qu'on peut soulever à son encontre, et les raisons qu'on peut opposer en sa faveur.

I.

Si jamais race fut persécutée, c'est à coup sûr celle des Israélites. Je ne veux aller rechercher dans l'histoire ni les crimes imaginaires dont on les accusa, ni les supplices, hélas ! trop réels, dont la superstition populaire et l'avidité royale punirent ces forfaits chimériques, ni les causes de cette réprobation étrange qui, pendant plusieurs siècles, les poursuivit sur toute la surface de la terre. Exclus de tous les droits politiques et civils, privés de patrie, car ils étaient regardés comme étrangers jusque dans le lieu même de leur naissance, privés même de famille, car le mariage légal n'existait pas pour eux, bannis de toutes les fonctions publiques et n'exerçant le commerce que sous la menace continuelle de confiscations arbitraires et de spoliations violentes, les Juifs, partout méprisés, honnis, torturés, expièrent rudement, pendant dix-huit siècles, l'erreur d'une génération : erreur fatale après tout, et par conséquent involontaire, même au point de vue catholique, (1) puisque les prophètes fulminaient contre elle, bien des années à l'avance, leurs plus sinistres prédictions et leurs plus sombres menaces !

(1) Je ne veux point aborder ici la question théologique, je ferai remarquer toutefois, comme une contradiction assez étrange, que le christianisme, tout en effaçant, par le baptême, les suites de l'ancien *péché originel*, en a fait, pour les Israélites, une seconde édition, beaucoup plus rigoureuse que la première.

Mais, sans entrer dans ce domaine interdit aux profanes, il me sera permis de dire que la société moderne, assise sur de nouvelles bases par la révolution française, fut plus clémente que ne l'avait été la religion, et qu'elle fit preuve non-seulement de tolérance, mais encore de justice en accordant une protection efficace à tous les cultes, et en restituant aux Israélites, ainsi qu'aux Protestants, les droits qu'on n'aurait jamais dû leur ravir. L'Angleterre, qui nous avait précédés dans cette voie d'émancipation civile, vient dernièrement de compléter son œuvre en admettant les Israélites dans la Chambre des Communes. L'Autriche elle-même, toujours attardée sur la route des réformes, leur a, par un rescrit récent de l'empereur, octroyé des franchises qui jusqu'alors leur avaient été refusées sur le territoire de l'empire. De ces proscrits, le progrès rationnel des choses a fait partout des citoyens, et si, dans une occasion mémorable (1) et qu'on voudrait pouvoir oublier, leurs droits naturels ont été violés, l'indignation que cet événement a soulevé dans toute l'Europe prouve une fois de plus combien leur réhabilitation est complète, car, il y a soixante ans à peine, un pareil attentat eût laissé l'opinion indifférente !

Les Israélites d'Algérie sont-ils aussi favorisés que leurs coréligionnaires d'Europe ? Sans doute, quand on compare les vexations que leur infligeait le despotisme musulman et les bienfaits sans nombre dont les a dotés la conquête, on doit convenir que leur condition est notablement modifiée. Nous rendons cette justice au gouvernement, qu'il a saisi toutes les occasions d'améliorer leur sort, et, pour citer la mesure la plus importante qu'il ait prise, en les rendant justiciables de nos tribunaux et de nos Codes, sous la réserve, en certains cas, du maintien transitoire des lois rab-

(1) Affaire Mortara.

biniques, il les a, pour ainsi dire, à moitié naturalisés. Toutes les fonctions leur sont accessibles ; plusieurs d'entr'eux prennent part, soit dans nos assemblées municipales, soit dans nos Conseils Généraux, à la discussion des intérêts communs ; plusieurs occupent des emplois importants dans nos administrations publiques, et l'on peut dire que, sur ce sol conquis par la France, ils sont presqu'aussi favorisés que les Français !

Mais une considération sur laquelle on s'arrête peu d'ordinaire et qui cependant mérite une attention sérieuse, c'est que, tout en accordant aux Israélites indigènes des garanties de toutes sortes, la France ne leur a point encore donné de patrie. Le lien qui attache l'un à l'autre cette collection d'hommes qu'on appelle un peuple, ce lien qui, séparant et unissant à la fois, forme des sociétés particulières au sein de la Société universelle, c'était la religion qui l'établissait autrefois, c'est la nationalité qui le constitue aujourd'hui. Jadis, au moyen-âge surtout, les croyances religieuses servaient de signe de ralliement ; quiconque était en dehors de l'Eglise était en dehors de la nation, et l'hérésie ne passait pas seulement pour une offense envers Dieu, mais encore pour un crime envers le roi. La patrie morale était alors dans le Sanctuaire ; elle est aujourd'hui dans le palais des Parlements. Ce n'est plus d'après leur culte que les hommes se groupent, mais d'après certaines affinités d'intérêt et d'origine ; et l'on ne voit plus dans l'individu le croyant, mais le citoyen. A quel peuple alors se rattachent les Israélites indigènes ? A quels intérêts collectifs obéissent-ils ? Moins heureux en cela que les Arabes qui ont des souvenirs et des traditions nationales, ils n'ont, eux, que des souvenirs et des traditions religieuses. Toujours dominés sans avoir jamais été adoptés, ils ne se confondent ni dans la race vaincue ni dans la race victorieuse ; c'est une agrégation d'individus, ce n'est pas un peuple. N'ayant par conséquent que des intérêts particuliers, ne sont-ils pas en dehors de l'humanité, laquelle n'est, pour ainsi parler, que la résultante et le faisceau des intérêts généraux et collectifs? N'est-ce pas un devoir pour la France de les faire rentrer, sans restriction et sans réserve, dans la communion universelle, et de les appeler au banquet des nationalités, autour duquel leurs coréligionnaires d'Europe sont assis depuis longtemps? Il est profondément douloureux de voir, dans notre siècle, une nombreuse collection d'individus passer de main en main, par droit de conquête, toujours incertaine de son sort, toujours réduite à recevoir les garanties qu'on lui donne comme un bienfait accordé au vaincu, et non comme un droit dû au citoyen, et si le fanatisme musulman a pu créer cette situation étrange, ce n'est pas à la France de la perpétuer!

J'en ai assez dit, je l'espère, pour démontrer que là, et non ailleurs, est le nœud de la question. Les Israélites ont une patrie matérielle, mais ils doivent avoir aussi une patrie morale; et tant qu'on ne leur donnera pas la permission d'avoir du patriotisme, on ne pourra pas dire qu'on en a fait des hommes et des citoyens!

II.

Si la justice réclame l'assimilation complète des Israélites, l'intérêt bien entendu de la France ne l'exige pas moins. Il n'est jamais inutile, pour un Etat, de relever, par toutes les concessions possibles, la moralité déchue d'une partie de ses sujets ; ce qu'il leur fait gagner en dignité, il le gagne lui-même en grandeur. Nous n'insisterons pas plus longtemps sur ces avantages purement moraux, et par cela même moins directement appréciables. Mais nous pouvons, des services que les Israélites nous ont rendus depuis la conquête, induire les services plus grands et plus nombreux qu'ils pourront nous rendre, une fois qu'ils seront confondus dans nos rangs.

Par leur esprit souple et liant, par leur présence sur tous les points du territoire où les dispersait l'étendue de leurs affaires commerciales, par leur longue habitude de la langue indigène et par leur prompte initiation à notre langue, ils ont été de précieux intermédiaires entre les Arabes et les Français. Dans une étude sur l'Algérie, publiée en 1840, le baron Baude, conseiller d'Etat, constate qu'ils nous ont servi d'interprètes et de guides, et qu'ils ont facilité la conquête, par les renseignements qu'ils ont fournis à nos généraux.

Leurs rapports avec les tribus les plus éloignées ont étendu le bruit et propagé la terreur du nom français. Et ne pense-t-on pas que leur influence serait plus grande encore, si le titre de Français venait les relever, aux yeux des Indigènes, de cette tache originelle qui fait peser encore sur eux une absurde aversion ? Protégés par la crainte et le respect qu'inspire notre force, ils pourraient étendre encore leurs relations, nouer au loin un système d'échanges mutuels et conquérir à notre civilisation les tribus déjà soumises à nos armes. C'est par eux encore que pourrait s'accomplir ce rêve, à si bon droit caressé par les pouvoirs locaux, d'une expédition commerciale dans l'Afrique centrale. La longue pratique des mœurs, des besoins et de la langue indigènes, la connaissance des lieux, une aptitude reconnue pour ces sortes d'affaires les rendraient merveilleusement propres à ces explorations lointaines qui ne rencontreraient, quoiqu'on en puisse dire, chez nos négociants européens ni la même patience, ni la même habileté, ni la même souplesse. Par ces relations établies entre l'intérieur de l'Afrique et le littoral, ils aideraient puissamment la France dans l'œuvre régénératrice qu'elle poursuit soit en Algérie, soit au Sénégal, soit dans la Régence de Tunis. Et certes, ce n'est pas un mince cadeau de bienvenue qu'ils nous feraient, en prenant place parmi nous, que d'ouvrir à notre commerce, par leurs intelligents efforts, des contrées à peine inexplorées, que de faire, en quelque sorte, de l'Algérie un vaste marché où l'Europe et l'Afrique viendraient échanger leurs produits, et où la civilisation moderne pénétrerait, à la longue, la barbarie musulmane !

Une question se présente ici : quels seraient les effets de cette mesure sur la colonisation, le problème capital de l'Algérie ? Il est [incontestable qu'en [créant pour eux une situation régulière et nettement définie, on attacherait à notre sol une population stable et normale. Les négociants et les colons européens n'ont en général qu'un but, d'amasser ici une fortune plus ou moins considérable, et d'aller en jouir dans leurs foyers. Le Maltais, l'Espagnol, le Français même séjournent dans notre colonie, mais ne s'y fixent pas pour toujours. Il y a un mouvement de va et vient ; il n'y a pas à un degré suffisant cette acclimatation matérielle et morale par laquelle l'homme prend racine sur le sol, se l'assimile en quelque sorte et s'assimile à lui. Les Arabes, essentiellement nomades et conservant de plus, contre notre domination, un fonds d'hostilité qui éclate parfois en révoltes soudaines, campent sur notre territoire plutôt qu'ils n'y résident. Il en serait tout autrement des juifs indigènes qui, déjà rivés à l'Algérie par les garanties qu'ils y possèdent et qu'ils ne trouveraient dans aucune

autre contrée de l'Afrique, s'y attacheraient plus complètement encore, pour peu qu'aux liens qui les y retiennent
s'ajoutât le lien le plus fort et le plus puissant de tous,
l'amour de la patrie.

Mais est-ce à dire pour cela, comme je le lisais naguère
dans un numéro des Archives Israélites, que les juifs tour-
neront alors leurs efforts vers la colonisation, et que leur
activité se partagera entre l'agriculture et le commerce ?
M. Cahen, avocat du barreau d'Aix et auteur de ce travail,
prétend que de 'l''inclination de ses coréligionnaires pour
le négoce, on a conclu faussement à leurs répugnances
pour la propriété foncière. Selon lui, ce n'est pas leur pen-
chant naturel, c'est la force même des choses qui a im-
posé cette direction à leurs travaux. Il rappelle qu'en Europe avant 89, et qu'en Algérie, tant qu'a duré la domination musulmane, la propriété leur était interdite, et que
l'orgueil despotique de leurs maîtres les avait exclus de
l'agriculture pour les reléguer dans le commerce, qui,
chez les peuples orientaux, est une profession vile et mé-
prisée. Nous ferons remarquer à notre tour qu'à cette ty-
rannie la conquête française a fait succéder la confiance,
et que bien peu d'Israélites cependant sont devenus pro-
priétaires. Nous ne pensons pas qu'une situation meilleure
en augmenterait sensiblement le nombre ; le passé, à cet
égard, nous répond de l'avenir.

Mais si nous ne trouvions pas dans les Israélites d'habi-
les agriculteurs, nous y trouverions du moins des soldats
dévoués. Un préjugé qui court le monde, et que parfois
nous sommes étonnés de rencontrer dans d'excellents esprits, c'est que les juifs ont une répugnance instinctive
pour le service des armes. Il nous suffira de dire, pour ré-
futer cette assertion, que plusieurs d'entr'eux figurent avec
éclat dans les rangs de notre armée, et portent sur leur
poitrine le signe de l'honneur.

Nous ne voulons pas nier qu'ils se soient abstenus, avant la conquête, de prendre part aux guerres qui surgissaient entre tel ou tel prétendant, et qu'ils aient montré la plus complète indifférence pour la victoire ou la défaite de leurs maîtres. Qu'eût été, pour eux, un changement de pouvoir, sinon un changement de joug? Et quoi d'étonnant qu'ils aient hésité à verser leur sang pour accroître leur servitude? Mais la France, en leur donnant la liberté, leur a donné le courage, et le siège d'Oran, dont les Israélites, en 1833, ont vaillamment soutenu le principal effort, a prouvé que l'héroïsme n'est pas une vertu abstraite, et que tout homme est brave, dès qu'il a des biens à défendre et des droits à conserver. « En combattant pour la France, n'était-ce pas pour nous que nous combattions? » disait à cette époque le chef des Israélites; et, sans s'en douter peut-être, il donnait une définition exacte du patriotisme, lequel est, à vrai dire, la solidarité de l'individu avec le sol sur lequel il jouit de ses droits d'homme et de citoyen. Augmentez les droits, vous augmenterez du même coup le courage. Plus les Israélites auront d'intérêts sur notre territoire, et plus ils s'attacheront à notre fortune, ne séparant jamais leur cause de celle de la France, parce que la France ne sépare pas sa cause de la leur. C'est ce sentiment qui, depuis long-temps déjà, les porte à s'inscrire sur les rôles de la milice; et la France pourrait y trouver des éléments plus sérieux encore de défense coloniale, si elle suivait entièrement l'exemple de l'Angleterre qui, dans ses possessions d'Amérique, (1) n'a d'autre recette, pour former des corps indigènes, que d'intéresser les habitants à

---

(1) On pourrait, je le sais, à l'encontre de cette considération, citer la révolte des Indes. Mais je ne parle ici que du Canada, de l'Australie, etc., colonies admirables dans lesquels le colon vote lui-même ses impots par l'intermédiaire des représentants qo'il choisit; et jouit de tous les droits politiques et civils de sa métropole.

la défense du territoire, par la plus grande extension possible des droits politiques et civils.

Nous en ferons au moins des soldats, si nous ne pouvons pas en faire des colons. Et, puis, après tout, l'intérêt de la France n'est pas tant de transformer les Israélites en laboureurs que d'en faire des hommes et des citoyens. Une longue servitude, il ne faut pas le nier, a faussé parmi eux les mœurs de la basse classe, (1) en même temps que leurs corps, elle a courbé leurs caractères ; par contre, en relevant leur situation politique, on relèvera du même coup leur situation morale. Tel est l'avantage de l'émancipation qu'en délivrant les corps, elle affranchit en même temps les esprits. Ç'a été, de la part de la France, un acte d'habile en même temps que de bienveillante politique, d'entraîner dans son mouvement de libre civilisation toutes les classes opprimées et déchues. Il s'est trouvé, comme on pourrait le prouver l'histoire à la main, que ce mouvement d'humanité était en même temps un adroit calcul, car tous ses bienfaits ont tourné en grandeur pour elle. Il ne faut donc pas, comme on l'a proposé plusieurs fois, laisser ce progrès moral s'accomplir à la longue et de lui-même pour les Israélites indigènes : il faut, dans leur intérêt et dans celui de la France, le provoquer et lui venir en aide. Dans ces œuvres de régénération générale, une *déclaration des droits*, comme l'a prouvé l'amélioration soudaine des juifs Français en 89, est plus efficace et plus prompte que le temps.

—

(1) Il ne serait pas difficile, du reste, de retrouver, dans les bas-fonds de toutes les sociétés, les vices qu'on reproche spécialement à la partie la moins éclairée de la population israélite.

III.

Il ne faut pas croire, d'ailleurs, que la naturalisation des Israélites entraînerait de brusques changements et de violentes scoousses. Ils n'en sont plus aux premiers temps de la conquête, alors que, complètement séparés, par leur organisation politique et judiciaire, des Français et des Arabes, ils formaient un peuple à part, avec un chef de la nation pour les régir, et un tribunal rabbinique pour vider les différents qui s'élevaient entr'eux.

L'ordonnance du 27 septembre — 22 octobre 1842, ôta aux rabbins toute juridiction sur leurs coréligionnaires, et les déclara exclusivement justiciables des tribunaux français. Il est vrai que, d'après l'article 49 de la même ordonnance, les rabbins étaient appelés à donner leur avis par écrit sur les contestations relatives à l'Etat-Civil, aux mariages et répudiations entre Israélites. Cette clause regardait-elle l'avenir? Ou plutôt ne faut-il pas croire, avec la majorité des avocats de l'Algérie, avec la plupart des magistrats eux-mêmes, qu'elle était essentiellement transitoire, qu'elle s'appliquait seulement aux contestations déjà pendantes, et que l'intention du législateur, en l'édictant, était d'éviter une transition trop brusque entre la législation passée et la législation actuelle, maisn'était nullement d'engager l'avenir?

Quoiqu'il en soit, il faut convenir que la rédaction de cet article prêtait à l'équivoque ; mais un arrêté du Chef du pouvoir exécutif, à la date du 16 août 1848, sur l'administration des cultes en Algérie, se chargea d'en préciser le sens. Cet arrêté plaçait le culte israélite sous l'administration du ministère des cultes, et déclarait que la législation qui devait le régir était la même que celle qui le régissait en France. Or, cette législation, fixée par l'ordonnance du 25 mai 1844, disposait, dans son article 53, « que les rabbins ne peuvent donner la bénédiction nuptiale qu'à ceux qui justifient avoir contracté mariage devant l'officier de l'Etat-Civil. » Cette disposition, du reste, était reproduite du décret du Grand-Sanhédrin de 1807, et de l'article 29 du règlement de l'assemblée générale des juifs, (10 septembre 1806), rendu exécutoire par décret impérial du 17 mars 1808, et qui, en garantissant aux Juifs le libre exercice de leur culte, assimilait, pour tout le reste, leur condition à celle des citoyens français et les mettait sous la juridiction exclusive de nos lois.

Il ressort avec évidence de ces citations que le législateur, en séparant le mariage civil et le mariage religieux, en les rendant indépendants l'un de l'autre, plaçait, pour les effets civils de son mariage, l'Israélite indigène dans les mêmes conditions que l'Israélite français.

S'appuyant sur ces textes et ces considérations diverses, le tribunal d'Oran, dans un jugement remarquable prononcé en 1857, et reproduit à la même époque par l'*Akhbar*, n'hésita pas, dans une question de divorce soulevée par un mariage entre israélites indigènes, à repousser la dissolution du lien conjugal, et déclara, dans des motifs déduits avec une grande force de précision et de logique, que les Juifs indigènes étaient soumis, comme leurs frères de la métropole, à la loi française.

Telle n'est pas, il est vrai, la jurisprudence de la Cour d'Alger, qui, dernièrement encore, a prononcé la dissolution d'un mariage israélite. Nous ne voulons pas entrer dans l'appréciation des motifs qui ont inspiré cet arrêt ; car une telle étude ne rentre ni dans notre spécialité ni dans notre cadre. Mais une telle divergence entre les esprits les plus éclairés de l'Algérie, divergence que du reste la Cour de cassation ne peut manquer de faire tôt ou tard disparaître, prouve suffisamment que s'il existe, sous le rapport de la juridiction, des différences entre les Israélites d'Algérie et ceux de la métropole, ces différences qui, d'ailleurs, ne portent que sur un seul point, sont fortement contestées et vivement combattues. La seule conclusion que j'en veux tirer, c'est que la naturalisation ne serait pas une mesure trop radicale et qu'elle ne produirait pas des changement brusques et imprévus, mais qu'au contraire elle a été suffisamment préparée par l'évolution progressive des événements, et par les sages progrès de la loi dont elle est le couronnement logique et rationnel.

IV.

Des diverses observations qui précèdent, il résulte que la naturalisation, pour être efficace, doit être collective. A quoi servirait d'assimiler les Israélites un à un ? Les formalités administratives, en ralentissant les effets de cette mesure, lui enlèveraient toute son action, et, au lieu d'affranchir les Juifs indigènes de ce caractère qui en fait une classe à part, on n'arriverait qu'à le mettre plus fortement en lumière, par une ligne de démarcation tracée entre ceux qui seraient déjà français et ceux qui ne le seraient pas encore. On verrait dans le sein d'une même famille des individus inégaux en droit, l'un jouissant sans restriction des bénéfices de la loi française et portant le titre de citoyen, l'autre gêné par les dernières entraves de la loi rabbinique et ne comptant pour rien dans l'Etat, dont il ne ferait point partie. Une telle situation, source de jalousies et de rancunes, aigrirait les esprits ; au lieu d'un rapprochement intime, elle produirait la discorde ; et tout en voulant rattacher plus étroitement les Israélites à la France, elle aurait pour effet inévitable de les en éloigner.

Ce seul argument suffirait pour faire repousser la naturalisation individuelle. Ses partisans, dont le Conseil général d'Oran a résumé les idées dans un rapport remarquable, objectent, il est vrai, que la loi française répugne à tout autre mode d'assimilation. Mais, est-ce ici le cas d'invoquer l'article 9 du Code Napoléon ? Nos armées victorieuses l'invoquaient-elles, quand elles réunissaient à la France, par droit de conquête, les pays vaincus ? L'a-t-on invoqué quand, récemment encore, on a naturalisé d'un trait de plume deux millions de Savoisiens ? L'article 9 s'applique à l'individu qui, abandonnant son pays pour venir se fixer en France, échange volontairement les droits dont il jouissait chez lui contre les droits de citoyen français. Mais s'appliquent-ils de même à ceux qui, privés d'une nationalité par les traités ou la conquête, en réclament une autre du vainqueur ? Quand il leur prend leur constitution, ne doit-il pas en échange, leur donner la sienne ? C'est là du droit politique, ce n'est plus du droit civil ; et dans l'espèce, l'article invoqué n'est d'aucune application.

Mais, nous dira-t-on encore, il faut, avant de naturaliser les Israélites, s'assurer de leur libre consentement. Qu'on ordonne une enquête, et l'on se convaincra que tous seront fort aises de changer leur situation contre une situation meilleure. En 1858, le Conseil général de Constantine, en émettant le vœu d'une naturalisation aussi large que possible, déclarait « qu'il était provoqué par un grand nombre d'Israélites haut placés dans le département. » La démarche de leurs coreligionnaires d'Alger, l'assurance donnée par eux à M. le Préfet que s'il était nécessaire de recourir aux pétitions, elles seraient immédiatement couvertes par un grand nombre de signatures, la persévérance qu'ils apportent dans la poursuite de leur projet ; ces diverses preuves attestent suffisamment qu'une enquête formée soit par une commission administrative, soit par la voie de suffrage universel, constaterait l'unanimité des désirs ou des votes. L'épreuve, nous ne craignons pas de l'affirmer, serait décisive ; et pourrait-il en être autrement de la part d'une classe, jusqu'ici déshéritée, qui serait appelée à échanger un passé malheureux, un présent irrégulier, incertain, contre un avenir stable et prospère ?

Mais supposons que, par impossible, les Israélites repoussent nos bienfaits, et qu'ils préfèrent un isolement préjudiciable pour eux à la communauté de droits et d'intérêts que nous voulons établir entr'eux et nous. Serait-ce là une raison pour reculer devant une mesure que réclame la justice, que demande l'intérêt et la politique traditionnelle de la France ? Quand la Convention rendit aux Israélites leurs droits d'hommes et de citoyens, elle ne les consulta pas. Quand l'Empereur, par son décret du 17 mars 1808, confirma le décret de la Convention, en étendant même les garanties qu'elle leur avait déjà données, il ne les appela pas à donner leur avis. (1) Ils étaient nés sur le territoire fran-

---

(1) Les rabbins, il est vrai, furent consultés, mais sur la seule question de savoir si le Code Civil était compatible avec leur religion. Sur leur réponse affirmative, l'Empereur passa outre, malgré les ignorantes réclamations des Israélites, qui ne comprenaient pas suffisamment combien cette organisation nouvelle était pour eux féconde en avantages.

çais, et par cela même citoyens français; cela suffisait pour leur en donner, pour leur en imposer même le titre, qu'ils le voulussent ou non. Ainsi, considérez-vous encore les Israélites comme les vaincus de 1830? A ce titre, vous leur devez la naturalisation, par le même motif qui, sous la République et le premier empire, la fit donner aux Belges, aux Italiens, à tous ceux enfin dont la patrie, divisée en départements français, fut régie par les lois françaises. Les considérez-vous au contraire non comme des vaincus, mais comme des sujets? A ce titre, vous la leur devez encore, par le même motif qui, sous la convention et l'empire, la fit donner aux Israélites nés en France. Qu'on s'assure, si l'on veut, de leur assentiment, comme on l'a fait, dans un cas, il est vrai, fort différent, pour les provinces savoisiennes; mais qu'on s'en assure en sachant bien qu'on pourrait s'en passer !

Nous croyons avoir suffisamment démontré les dangers qu'entraînerait la naturalisation individuelle et réfuté les deux principales objections qui s'attaquent à la naturalisation collective. Les demi-mesures ont cet inconvénient que d'ordinaire elles fortifient l'état de choses qu'on veut détruire. Il faut ou trancher complètement ou différer la solution du problême, s'abstenir, en tous cas, valant mieux qu'atermoyer. Mais notre ferme espoir est que le Gouvernement, déjà saisi à plusieurs reprises par les Conseils Généraux de cette question, maintenant encore sollicité par les intéressés, prendra une décision prompte aussi bien qu'efficace, et que, mû par ce sentiment libéral dont il donne des preuves de jour en jour plus fortes, animé surtout par sa sollicitude pour l'Algérie, hier encore attestée par deux mesures régénératrices et vitales, (1) il penchera pour la naturalisation collective. En agissant ainsi, il ne rem-

(1) La loi des chemins de fer et le décret de la Rue du Rempart.

plira pas seulememént un devoir de justice absolue, ré-
clamé par la philosophie et par l'histoire, ni un devoir
de charité sociale, en réhabilitant complètement une classe
jusqu'ici malheureuse ; mais encore, en fixant plus fortement sur notre sol une population qui nous devra tout,
qui, par conséquent, nous sera toute dévouée, en faisant
disparaître de nos lois des anomalies étranges, il servira
les intérêts de la France, prouvant ainsi une fois de plus
que dans notre politique le grand se rencontre toujours
avec l'utile, et que la générosité nous a toujours réusssi !